Wenn Natur und Mensch sich in Liebe vereinigen, wird entweder ein Gedicht daraus oder ein Garten.

Kalenderweisheit
aus dem 18. Jahrhundert

Einleitung

Machen wir mal ein kleines Experiment, dafür brauchen wir nur einen Stift und ein Blatt Papier: Wie sieht eigentlich eine baumelnde Seele aus? Lassen wir der Fantasie freien Lauf und kritzeln einfach mal drauflos. Ist sie vielleicht ein kleiner, bunter Gummiball, der fröhlich an einer Schnur baumelt, die an einem Kirschzweig festgebunden ist? Ein Ball, der sich einfach dem Rhythmus des Windes überlässt und in den Farben leuchtet, die Sonnenlicht und der Schatten der Bäume auf ihn malen? Könnte sein!

Nun, wir werden wohl nie ganz genau wissen, wie es aussieht, wenn unsere Seele baumelt – aber wir wissen ganz genau, wie es sich anfühlt! Und was unsere Seele braucht, um mal so richtig loszulassen. Sport? Eine ausgedehnte Shopping-Tour? Essen in einem schicken Restaurant? Nicht unbedingt.

Die Seele, im Alltag ziemlich beansprucht, ist in Wahrheit anspruchslos. Denn sie braucht nicht viel mehr als die freie Natur, um sich zu erholen – am besten einen Garten. Hier finden wir die Kraft, die aus Bäumen spricht, die älter sind als wir selbst. Wir finden die Ruhe in den Sonnenblumen und Schönheit im Vogelgezwitscher, das seltsamerweise nie zu laut ist und nie zu leise. Was einen Garten zum Lieblingsplatz einer angespannten Seele macht, ist dies: Hier müssen wir nichts tun, nichts kontrollieren. Denn alles ist perfekt, wie es ist.

Eines schönen **Tages** auf der **Wiese** ...

*Als Erstes
hat Gott
der Allmächtige
einen Garten
angelegt.*

Francis Bacon

Seit Anbeginn der Zeiten haben Gärten die Menschen verzaubert. War es ein Zufall, dass die biblische Geschichte in einem Garten beginnt? Eines der sieben Weltwunder waren die hängenden Gärten von Babylon.

Welche unserer ganz eigenen Geschichten haben eigentlich in einem Garten angefangen? Der erste Kuss? Oder die ersten selbst gepflanzten Tomaten, die zum Star des Abendessens wurden, weil sie köstlicher schmeckten als das teure Rinderfilet? Es ist nie zu spät, eine neue Geschichte zu beginnen. Und was könnte ein schönerer Anfang sein, als dieser:

»Eines Tages, ich lag gerade auf der Wiese in unserem Garten, ...«

In der Ruhe liegt die Macht

Gras wächst nicht schneller, wenn man daran zieht.

Aus Ostafrika

Zum Glücklichsein gehört untrennbar ein Talent, das wir im Alltag oft vernachlässigen, weil wir glauben, dass es dasselbe ist wie Zeitverschwendung: Geduld. In einer Welt, in der fast alles inzwischen auf Knopfdruck funktioniert, scheint Geduld irgendwie immer altmodischer zu werden. Und so ist das Bewusstsein, dass diese knorrige Buche ein ganzes Jahr braucht, um einen einzigen Ring zu bilden, eines der wertvollsten Geschenke, die uns ein Garten machen kann. Denn Geduld mit sich und anderen schenkt tiefen Seelenfrieden.

Außer dem Feuerfalter, blauem Argus, Pfauenauge und Zitronenfalter, die schon länger sich im Garten zeigen, kam bei dem heutigen echten Sonnenwetter auch der große Perlenmuttervogel. Ich habe die beiden unteren Rasen ungemäht gelassen, um ihnen die darauf blühenden Feld- und Heideblumen nicht zu entziehen.

Theodor Storm

Es gibt wenige Tiere, die faszinierender zu beobachten sind als Schmetterlinge. Egal ob es der einfache Zitronenfalter ist oder das fast magische Pfauenauge. Wie zart sie aussehen, wie zerbrechlich, wie lautlos sie mit ihren hauchdünnen Flügeln schlagen – und dabei doch nie aufgeregt scheinen. Einen Schmetterling zu beobachten ist ein guter Trick, wenn wir uns wieder mal wünschen, mutiger zu sein, schlagfertiger, witziger, spontaner.

Dann erinnern wir uns einfach daran, dass es ein winziger Schmetterling sein kann, der mit einem einzigen Flügelschlag eine ganze Picknickgesellschaft zum Verstummen bringt.

Vom Weg abkommen – und glücklich sein!

Mögest du die
Kraft haben,
die Richtung zu
ändern, wenn du
die alte Straße
nicht mehr gehen
kannst.

Irischer Segenswunsch

Angelegte Wege sind ziemlich bequem, zugegeben. Man stolpert nicht über Steine und im Winter hat meistens auch jemand vor uns den Schnee geschippt. Manchmal sind solche Wege sogar so bequem, dass wir sie einfach weitergehen, obwohl wir dieses unbestimmte Gefühl hatten, unser Glück und die Erfüllung unserer Träume doch eher auf dem kleinen Trampelpfad zu finden, den wir da vorhin gekreuzt haben. Es braucht Mut, einen eingetretenen Pfad zu verlassen. Aber es ist nicht so schwer – denn alles, was wir tun müssen, ist, kurz stehen zu bleiben. Einmal tief Luft zu holen.

Und unserem inneren Kompass zu vertrauen. Denn dann gehen wir den neuen Weg plötzlich mit so viel Lust und Energie, dass uns Steine, Schneehaufen oder Gestrüpp nicht mehr im Geringsten stören.

Glücks-bringer,
frisch aus dem Garten

Jeder Baum,
jede Hecke ist ein
Strauß von Blüten,
und man möchte zum
Marienkäfer werden,
um in dem Meer von
Wohlgerüchen
herumzuschweben und
alle seine Nahrung
finden zu können.

Johann Wolfgang von Goethe

Der Marienkäfer trägt seine Glückspunkte immer mit sich herum – aber wie viele Glückspunkte haben wir eigentlich gerade auf dem Konto? Schreiben wir doch einfach mal auf, was uns glücklich macht, dann können wir es schnell nachlesen, wenn mal wieder Ebbe auf dem Glückskonto herrscht: Das Kitzeln von Grashalmen unter nackten Füßen zum Beispiel. Oder eine Erdbeere, direkt in den Mund gepflückt. Und natürlich die neuen Sommersprossen auf der Nase nach einem herrlich faulen Tag in der Sonne!

Kleiner Tipp: Am besten alles auf eine rote Karte schreiben. Und hinten ganz, ganz viele schwarze Punkte draufmalen ...

Kastanien sind die Edelsteine der Bäume.

Aus Italien

Eine glänzende Kastanie zu finden, die sich schon aus ihrem hellgrünen, stacheligen Panzer befreit hat und wie ein Geschenk dort vor uns auf dem Boden liegt – was für ein Glücksgefühl! Kastanien sollen vor Erkältungen schützen, aber das ist nicht der wahre Grund, warum wir sie monatelang in unserer Tasche mit uns herumtragen, sie immer wieder festhalten, herausholen und sorgfältig wieder einstecken.

Eine Kastanie erinnert uns in hektischen Momenten daran, dass die Natur die größte Kraft besitzt – nicht der cholerische Chef, nicht die Schlange vor der Kasse im Supermarkt und auch nicht das Finanzamt.

Einfach mal das Gras wachsen hören

Den Puls des eigenen Herzens fühlen. Ruhe im Inneren, Ruhe im Äußeren. Wieder Atem holen lernen. Das ist es.

Christian Morgenstern

Wenn im Herbst die Farbenpracht der Blätter die der Blumen ablöst und der Wind in die aufgeschütteten Laubhaufen fährt wie ein wilder Zauberspruch – dann wird der Garten zu einem magischen Ort. Jetzt ist genau der richtige Zeitpunkt für eine kleine Teezeremonie: Das wärmt nicht nur sanft unseren Körper, sondern auch unsere Gedanken. Am besten schmeckt natürlich der Tee, den wir selber im Garten angepflanzt und getrocknet haben: Kamille, Pfefferminze oder Salbei. Oder vielleicht auch der, den sich der Garten selbst angepflanzt hat: Brennnessel und Schafgarbe.

Man kann einen seligen, seligsten Tag haben, ohne etwas anderes dazu zu gebrauchen als blauen Himmel und grüne Frühlingserde.

Jean Paul

Zum Erleben gehören alle unsere Sinne: schmecken, sehen, hören, riechen, fühlen – nicht nur sehen. In unserer heutigen Zeit gibt es so viele Bilder. Aber vergessen wir nicht, dass nicht nur das satte Grün des Grases, das majestätische Weiß des Schneeglöckchens und das uralte Braun der Äste entspannend oder anregend sein können.

Schließen wir einmal die Augen und achten ganz bewusst auf die Geräusche: das Vogelgezwitscher im Frühling, das Summen der Bienen im Sommer und die ganz andere Melodie des Herbstes. Plötzlich rascheln die Blätter der Laubhaufen, die Zweige des Apfelbaums brechen unter der Last der Früchte. Lassen wir die Augen geschlossen und riechen den süßlichen Duft reifer Quitten. Spüren wir die Erde unter unseren Händen. Und was ist das für ein Kribbeln da auf dem Arm? Eine kleine Stechmücke – ja, auch die gehört dazu, wenn wir das Leben mit allen Sinnen spüren wollen.

Das Talent zum grenzenlosen Glück entdecken

Hebt man den Blick, so sieht man keine Grenzen.

Aus Japan

Wie wohltuend für die Augen ist ein Blick über weite Felder und Wiesen, die nie zu enden scheinen, außer vielleicht am Horizont. Und wie oft setzen wir unseren Träumen eigentlich Grenzen, die es gar nicht gibt? »Aber« ist ein Wort, das einen Gedanken hässlicher unterbricht als ein Maschendrahtzaun einen Garten. Natürlich können wir nie alles tun, was wir tun wollen. Natürlich gibt es in unserem Leben Grenzen – doch dann können wir versuchen, sie wenigstens ein bisschen freundlicher zu gestalten:

Hecken statt Mauern. Auch für unsere Gedanken. Denn in Hecken blühen gelegentlich auch Rosen.

Talent,
das ist Glaube
an sich selbst,
an die
eigene Kraft.

Maxim Gorki

So viele Talente schlummern in uns, vergraben und vergessen. Es ist Zeit, dass wir uns ihrer wieder annehmen, sie aus ihrem Schlaf erwecken und wachsen lassen. Konnten wir nicht so wunderbare Bilder malen? Klavier spielen, die besten Kuchen backen und Gedichte vorlesen? Ach, das soll nichts Besonderes sein? Die Wahrheit ist: Unser größtes Talent besteht leider oft darin, unsere Begabungen herunterzuspielen – bis sie so klein sind, dass wir sie selbst nicht mehr finden können.

Träume, die Blütenknospen der Seele

Wenn es einen
Glauben gibt,
der Berge versetzen
kann, so ist es
der Glaube an die
eigene Kraft.

Marie von Ebner-Eschenbach

Das vielleicht größte Wunder der Natur ist das Samenkorn: Wie kann etwas, dass so runzelig, klein und unscheinbar ist, nur eine so unermessliche Kraft entfalten, dass daraus riesige Bäume werden? Auch jahrtausendealte Samenkörner, die Archäologen bei Ausgrabungen entdecken, bringen oft noch Früchte hervor.

Könnte es sein, dass auch in uns selbst Kräfte stecken, von denen wir jetzt noch nicht mal etwas ahnen?

Dass Keime nicht zu Blüten werden, ach, das kommt vor. Dass Blüten nicht zu Früchten werden, ach, das kommt vor.

Konfuzius

Unsere Träume sind die Blütenknospen unserer Seele. Und natürlich wünschen wir uns nichts sehnlicher, als dass sie alle aufgehen und duftende Blüten hervorbringen. Und doch, manche fallen ab, ohne sich ganz zu öffnen, ohne jemals Früchte zu tragen. Das ist traurig – aber wir haben doch noch mehr Träume als nur den einen, oder? Erinnern wir uns an all die, die schon in Erfüllung gegangen sind. Beim Anblick eines weiß leuchtenden Kirschbaums im Sommer fallen uns ja als Erstes auch nicht die Knospen ein, die nicht zu Blüten geworden sind ...

Ein Streifzug durch schöne Erinnerungen

Glücklich
ist nicht,
wer anderen
so vorkommt,
sondern wer
sich selbst
dafür hält.

Seneca

Früher, als Kinder, konnten wir oft stundenlang unter dem grünen Dach der Bäume schaukeln, mit den Füßen volle Kraft voraus, die Grenze war der Himmel. Schaukeln, sich wiegen lassen, sich einem Rhythmus anzuvertrauen, der tief aus unserem Inneren kommt – das ist Entspannung pur.

Noch entspannter als auf einer Schaukel baumelt die Seele in einer Hängematte: Haben wir uns vorher gefragt, wie es wohl aussieht, wenn eine Seele baumelt? Nun, vielleicht wie unser nackter Fuß, der faul über den Rand einer Hängematte hängt, die Zehen streifen das Gras, vor und zurück, in einem Takt, den nur die Unendlichkeit vorgibt.

Willst du für eine stunde glücklich sein, so betrinke dich. Willst du für drei Tage glücklich sein, so heirate. Willst du für acht Tage glücklich sein, so schlachte ein Schwein und gib ein Festessen.

Willst du aber ein
Leben lang glücklich
sein, so schaffe dir
einen Garten.

Aus China

Schön ist alles,
was man mit Liebe
betrachtet.

Christian Morgenstern

Bildnachweis:

Flora Press: Covermotiv, S. 2 (Flora Press / Living & More), S. 5, S. 6 (Flora Press / Visions), S. 10 (Flora Press / Living & More), S. 27, S. 29 (Flora Press / Visions), S. 31 (Flora Press / Living & More), S. 34 (Flora Press / Angela Francisca Endress), S. 37, S. 38 (Flora Press / Living & More), S. 43, S. 45 (Flora Press / Visions), S. 46 (Flora Press / Living & More), S. 51, S. 54 (Flora Press / Visions), S. 59, S. 61, S. 63
mauritius images: S. 16, S. 23, S. 53, S. 58
Alfred Karpf: S. 19
Annegret Schackman: S. 15

© 2008 arsEdition GmbH, München
Alle Rechte vorbehalten
Text: Sabine Mücke
Grafische Gestaltung Innenteil:
Eva Schindler, Ebersberg
Gestaltung Cover: arsEdition GmbH
Printed by Tien Wah Press

ISBN 978-3-7607-2932-9

www.arsedition.de